Ernst Probst

Die Vorlausitzer Kultur

Eine Kultur der Bronzezeit von etwa 1500 bis 1200 v. Chr.

Ernst Probst

Die Vorlausitzer Kultur

Eine Kultur der Bronzezeit von etwa 1500 bis 1200 v. Chr.

GRIN Verlag

Die Deutsche Bibliothek verzeichnet diese Publikation in der Deutschen Nationalbibliografie;
detaillierte bibliografische Daten sind im Internet über http://dnb.d-nb.de/ abrufbar.

1. Auflage 2011
Copyright © 2011 GRIN Verlag GmbH
http://www.grin.com
Druck und Bindung: Books on Demand GmbH, Norderstedt Germany
ISBN 978-3-656-07089-4

Der dänische Archäologe
Christian Jürgensen Thomsen (1788–1865)
hat 1836 die Urgeschichte
nach dem jeweils am meisten verwendetem Rohstoff
in drei Perioden eingeteilt:
Steinzeit, Bronzezeit und Eisenzeit.

Ernst Probst

Die Vorlausitzer Kultur

Eine Kultur der Bronzezeit
von etwa 1500 bis 1200 v. Chr.

Widmung

Dr. Rolf Breddin, Potsdam
Professor Dr. Claus Dobiat, Marburg
Professor Dr. Markus Egg, Mainz
Dr. Rudolf Feustel, Weimar
Dr. Gretel Gallay (heute Callesen), Nidderau
Professor Dr. Hans-Eckart Joachim, Bonn
Professor Dr. Albrecht Jockenhövel, Münster
Professor Dr. Horst Keiling, Schwerin
Dr. Joachim Köninger, Freiburg/Breisgau
Professor Dr. Rüdiger Krause, Frankfurt/Main
Dr. Friedrich Laux, Hamburg
Dr. Berthold Schmidt, Halle/Saale
Dr. Peter Schröter, München
Dr. Klaus Simon, Dresden
Dr. Otto Mathias Wilbertz, Hannover
gewidmet, die mich bei meinem Buch
»Deutschland in der Bronzezeit« (1996)
mit Rat und Tat unterstützt haben,
sowie der wissenschaftlichen Graphikerin
Friederike Hilscher-Ehlert

Inhalt

Vorwort

Eine Kultur, die in der Bronzezeit von etwa 1500 bis 1200 v. Chr. im östlichen Sachsen (Oberlausitz, Elbtal) und in Ostbrandenburg existierte, steht im Mittelpunkt des Taschenbuches »Die Vorlausitzer Kultur«. Geschildert werden die Siedlungen, der Schmuck, die Keramik, Waffen, der Handel und die Religion der damaligen Ackerbauern, Viehzüchter und Bronzegießer.

Verfasser dieses Taschenbuches ist der Wiesbadener Wissenschaftsautor Ernst Probst. Er hat sich vor allem durch seine Werke »Deutschland in der Urzeit« (1986), »Deutschland in der Steinzeit« (1991) und »Deutschland in der Bronzezeit« (1996) einen Namen gemacht.

Das Taschenbuch »Die Vorlausitzer Kultur« ist Dr. Rolf Breddin, Professor Dr. Claus Dobiat, Professor Dr. Markus Egg, Dr. Rudolf Feustel, Dr. Gretel Gallay (heute Callesen), Professor Dr. Hans-Eckart Joachim, Professor Dr. Albrecht Jockenhövel, Professor Dr. Horst Keiling, Dr. Joachim Köninger, Professor Dr. Rüdiger Krause, Dr. Friedrich Laux, Professor Dr. Berthold Schmidt, Dr. Peter Schröter und Dr. Klaus Simon gewidmet, die den Autor bei seinen Recherchen für sein Buch »Deutschland in der Bronzezeit« mit Rat und Tat unterstützt haben.

PAUL REINECKE,
geboren am 25. September 1872
in Berlin-Charlottenburg,
gestorben am 12. Mai 1958 in Herrsching.
Er wirkte 1897 bis 1908
am Römisch-Germanischen Zentralmuseum
in Mainz. 1908 bis 1937
war er Hauptkonservator
am Bayerischen Landesamt
für Denkmalpflege in München.
1917 wurde er kgl. Professor.
Reinecke teilte 1902 die Bronzezeit
in die Stufen A bis D ein.
1902 sprach er von der Straubinger Kultur
sowie von der Grabhügelbronzezeit
und später von der Hügelgräber-Bronzezeit.

Die Mittelbronzezeit
in Deutschland

Abfolge und Verbreitung der Kulturen und Gruppen

In der Zeit von etwa 1600 bis 1300/1200 v. Chr., die in Süddeutschland als Mittelbronzezeit bezeichnet wird, beherrschten sämtliche im Gebiet von Deutschland verbreiteten Kulturen den Bronzeguss. Wegen dieses Fortschritts der Metallurgie hat 1935 der schwedische Prähistoriker Nils Åberg (1888–1957) die Mittelbronzezeit als Hochbronzezeit bezeichnet. Andere Autoren dagegen – vor allem in Norddeutschland – reden von der eigentlichen, reinen oder älteren Bronzezeit.

Der Mittelbronzezeit entsprechen in Süddeutschland vor allem die Stufen Bronzezeit B und C im Sinne der 1902 vorgenommenen Gliederung des damals in Mainz arbeitenden Prähistorikers Paul Reinecke (1872–1958). Demzufolge wird die Stufe Bronzezeit B in zwei Unterstufen eingeteilt (B 1 und B 2). Im Gegensatz zu früher tendiert man heute dahingehend, die Stufe Bronzezeit D (etwa von 1300 bis 1200 v. Chr.) erst der Spätbronzezeit zuzuordnen.

Mit der Mittelbronzezeit ist in Baden-Württemberg, Bayern, im Saarland, Rheinland-Pfalz, Hessen, Süd-

Kulturen und Gruppen während der Mittelbronzezeit (etwa 1600 bis 1300/1200 v. Chr.) in Süddeutschland und in der älteren Bronzezeit (etwa 1500 bis 1200 v. Chr.) in Norddeutschland

12

thüringen und Sachsen-Anhalt die Hügelgräber-Kultur bzw. -Bronzezeit identisch. Sie dauerte in diesen Gebieten von etwa 1600 bis 1300/1200 v. Chr.[1] Die Hügelgräber-Kultur war damals von Ostfrankreich bis zum Karpatenbecken in Ungarn verbreitet. Sie wird von den Experten in mehrere lokale Gruppen gegliedert.

Nordrhein-Westfalen gehörte nur bedingt zur Hügelgräber-Kultur. Dort werden die Funde zwischen 1500 und 1200 v. Chr. – norddeutscher Terminologie folgend – allgemein der älteren Bronzezeit zugerechnet. Damit findet die auf dem Kulturgefälle in der Frühbronzezeit zwischen dem Süden und dem Norden basierende Phasenverschiebung von Bronzezeitstufen terminologisch ihre Fortsetzung.

In Niedersachsen bezeichnet man den Abschnitt von etwa 1500 bis 1200 v. Chr. als ältere Bronzezeit. Diese umfasst die Stufe II in der Chronologie des schwedischen Prähistorikers Oscar Montelius (1843–1921) für die nordische Bronzezeit. Damals gab es in Niedersachsen mehrere lokale Gruppen: die zur Hügelgräber-Kultur gehörende Lüneburger Gruppe, die zum Nordischen Kreis zählende Stader Gruppe, die Südhannoversche Gruppe und die Oldenburg-emsländische Gruppe.

In Schleswig-Holstein und im Küstengebiet von Mecklenburg-Vorpommern begann um 1500 v. Chr. die nordische ältere Bronzezeit. Diese Kultur endete um 1200 v. Chr. Sie entspricht der Stufe II nach Montelius.

Bild auf Seite 15:

*So genannter Stammesfürst
mit Beil und Schwert bewaffnet
aus der mittelbronzezeitlichen Hügelgräber-Kultur
nach einer historischen Trachtenrekonstruktion
des Münchener Historienmalers
und Altertumsforschers Julius Naue (1832–1907)*

14

15

Die Funde von etwa 1500 bis 1300/1200 v. Chr. im westlichen Teil Brandenburgs werden der älteren Bronzezeit zugeordnet.

In Sachsen und Ostbrandenburg war ab ungefähr 1500 bis 1300/1200 v. Chr. die Vorlausitzer Kultur (s. S. 19) heimisch. Sie ging der spätbronzezeitlichen Lausitzer Kultur voraus.

JÓZEF KOSTRZEWSKI,
geboren am 25. Februar 1885 in Weglewo (Polen),
gestorben am 25. Februar 1969 in Poznan (Polen).
Er war Leiter des
Archäologischen Lehrstuhls
an der Universität Poznan
(1919–1939, 1945–1950, 1956–1960)
und Direktor des Museums in Poznan
(1914–1939, 1945–1958).
Kostrzewski stellte das chronologische Schema
der Urgeschichte Polens auf,
erforschte die altbronzezeitliche Ansiedlung
im Oder- und Weichselgebiet
und schlug 1924
den Begriff Vorlausitzer Kultur vor.

Steinkränze als Sonnensymbole?

Die Vorlausitzer Kultur

Im östlichen Sachsen (Oberlausitz, Elbtal) und in Ostbrandenburg existierte während der älteren Bronzezeit von etwa 1500 bis 1200 v. Chr. die Vorlausitzer Kultur. Ihre Keramik- und Bronzeerzeugnisse unterscheiden sich größtenteils von denen der gleichzeitig vorkommenden Hügelgräber-Kultur (etwa 1600 bis 1300/1200 v. Chr.). Die Vorlausitzer Kultur war hauptsächlich in Polen (Schlesien, Großpolen, Kujawien) verbreitet. Sie fiel in die Periode II der Bronzezeit.

Die auffällig spärlichen Funde der Vorlausitzer Kultur in Sachsen deuten auf einen spürbaren Bevölkerungsrückgang gegenüber der vorhergehenden Zeit in diesem Gebiet hin. Der Dresdener Archäologe Klaus Simon führt die Fundarmut und den Populationsschwund in Sachsen auf klimatische Ursachen zurück – eine Erscheinung, die sich in anderen Perioden wiederholte.

Der Begriff »Vorlausitzer Kultur« wurde 1924 von dem polnischen Prähistoriker Józef Kostrzewski (1885–1969) aus Posen eingeführt und basiert darauf, dass diese Ära der Lausitzer Kultur vorausging. Andere Prähistoriker verwendeten statt dessen die Bezeichnungen Vorlausitzer Gruppe[1], Schlesische Hügelgräber-Kultur[2],

19

Bild auf Seite 21:

So genannte »weise Frau«
aus dem mittelbronzezeitlichen Grabhügel 24
im Königswiesener Forst (Kreis Starnberg)
in Bayern.
Wandbild des Münchener Historienmalers
und Altertumsforschers
Julius Naue (1832–1907)
von 1894

Der Prähistoriker Werner Coblenz (1917–1995)
aus Dresden
gilt als einer der bedeutendsten Ur- und Frühgeschichtsforscher
in Sachsen nach dem Zweiten Weltkrieg.
Er hat sich auch um die Erforschung
der Vorlausitzer Kultur verdient gemacht.

Großpolnische Kultur mit Textilkeramik[3], Podliszki-Kultur[4] oder Schlesisch-großpolnische Hügelgräber-Kultur[5].

Bei den Vorlausitzern handelt es sich nicht um Abkömmlinge der frühbronzezeitlichen Aunjetitzer Kultur, sondern um Einwanderer. In Polen errichteten sie ihre Behausungen überwiegend an solchen Plätzen, an denen sich zuvor keine Angehörigen der Aunjetitzer Kultur angesiedelt hatten. Tönerne Spinnwirtel und Gewebeeindrücke auf Tongefäßen deuten auf gewebte Kleidung aus Schafwolle hin.

Auch die Männer der Vorlausitzer Kultur haben sich erstmals den Bart und die Kopfhaare mit bronzenen Rasiermessern geschnitten, die damals in Mitteleuropa Mode wurden. In der Übergangzeit zwischen den Perioden II und III waren Exemplare mit Pferdekopfgriff die wichtigsten Bronzeformen. Ein einschneidiges bronzenes Rasiermesser aus der Periode II wurde in Borna-Eula (Kreis Leipziger Land) in Sachsen geborgen.

Wie die Wohnstätten der Vorlausitzer aussahen, verrät der Grundriss eines Gebäudes vom polnischen Fundort Ksiazek. Er war rechteckig, 30 Meter lang und sieben Meter breit. Erhalten blieben Fundamentgräben, Pfostenlöcher, eine Herdstelle sowie einige vermutlich zum Haus gehörende Gruben. Die Konstruktion des Bauwerks bestand aus drei in den Erdboden eingetieften Pfostenreihen, von denen die mittlere das Dach stützte und die beiden äußeren Reihen das Gerüst der aus

Querbalken bestehenden Wände bildeten. Nach den Fundamentgräben zu schließen, waren doppelte Außenwände errichtet worden.

Holzwände teilten das Innere des Hauses in vier ungleich große Räume ein. Ein fünfter Raum wird vom Ausgräber als Anbau gedeutet. In einem Raum gab es eine aus Steinen angelegte Herdstelle. Die Erbauer des Anwesens haben offenbar zu Beginn ihrer Arbeiten im Fundamentgraben zwei Bronzenadeln als Bauopfer dargebracht, um für die späteren Bewohner Glück und Segen zu erflehen.

Eine Siedlung jener Zeit befand sich auf dem rechten Elbufer von Dresden-Neustadt[6]. Dort wurden bei Baggerarbeiten für den Neubau des Hotels »Bellevue« unter anderem einige Siedlungsspuren der Vorlausitzer Kultur entdeckt. Befestigungen konnten bisher im Verbreitungsgebiet dieser Kultur nicht nachgewiesen werden.

Wegen der weitgehend fehlenden Siedlungsreste nimmt man an, dass diese Menschen in der frühen und mittleren (klassischen) Phase zunächst nomadisch gelebt haben und sich vor allem von der Viehzucht ernährten. Erst in der klassischen Phase soll der Prozess des Übergangs zur sesshaften Lebensweise begonnen und sich in der jüngeren Phase verstärkt haben. Auf Ackerbau deuten Mahlsteine zum Zerquetschen von Getreidekörnern hin.

Die in Siedlungen und Gräbern gefundene Keramik wurde frei mit der Hand geformt. Man hat die Oberfläche der Tongefäße geglättet, mit Textilabdrücken aufgeraut, mit Strohbündeln verstrichen oder mit den Fingern verschmiert. Es wurden bauchige Amphoren mit kegelförmigem Hals und zwei Henkeln, Krüge, kleine Henkelterrinen, weite Terrinen, eiförmige Töpfe, Kellen und Siebe modelliert. Als Ornamente dienten aufgelegte Leisten, Fingereindrücke und Buckel. In der jüngeren Phase wurden vasenförmige Gefäße manchmal mit senkrechten Riefen verziert.

Eine kleine Amphore kam auf dem Fiedlerplatz in Dresden zum Vorschein, eine Kanne und einen eiförmigen Topf fand man in Pausnitz-Walzig (Muldentalkreis) in Sachsen.

Analysen von Bronzefunden und zahlreiche für diese Kultur typische Metallgegenstände – vor allem Gewandnadeln – belegen, dass die Vorlausitzer den Bronzeguss beherrschten. Als weitere heimische Erzeugnisse gelten Armringe, Armbergen, »Diademe«, Dolche und Beile. Fertige Bronzeobjekte wurden manchmal mit komplizierten Ornamenten versehen.

Die Männer waren mit Randleistenbeilen, Absatzbeilen, Dolchen, Lanzen sowie mit Pfeil und Bogen bewaffnet. Manche Streitäxte, Schwerter und Dolche wurden von Hügelgräber-Leuten aus dem Karpatengebiet importiert. Neben Pfeilspitzen aus Bronze fanden auch solche aus Feuerstein Verwendung. Letztere sind aus dem Gräberfeld von Wartin (Kreis Uckermark) in Brandenburg bekannt. Aus Stein bestanden außerdem Keulen und Beile mit gebohrten Schaftlöchern.

Zeichnung auf Seite 27:

Auf einem Lebensbild von 1921
wurden die Menschen der Bronzezeit
als Jäger und Viehzüchter dargestellt.
Die Zeichnung stammt aus einem Buch
von Karl Schumacher (1860–1934),
dem damaligen Direktor
des Römisch-Germanischen Zentralmuseums
Mainz.

Werkzeuge aus Knochen und Geweih waren eher selten.

Zu den in Gräbern geborgenen Schmuckstücken gehörten vor allem bronzene Gewandnadeln. Sie werden nach der Form ihres Kopfes als Hirtenstab-, Ösenkopf-, Spindelkopf-, Spundkopf- und Zargenkopfnadeln bezeichnet. Daneben gab es verzierte »Diademe« aus Bronzeband, Armbergen und bronzene Ringe.

Aus einem Grab stammen zwei rundstabige Hirtenstabnadeln, die beim Bau eines Hauses in Medingen[7] (Kreis Meißen-Radebeul) entdeckt wurden. Sie kamen zusammen mit einem eiförmigen Topf, einer Tonscherbe und zwei schweren bronzenen Ringen zum Vorschein. Die Ringe sind mit Strichgruppen und Sparren verziert.

Eine Ösenkopfnadel des schlesischen Typs wurde in Planitz-Deila (Kreis Meißen-Radebeul) in Sachsen gefunden. Ihr Schaft biegt nach der Öse fast rechtwinklig zum Kopf ab. Der Kopf dieser Nadel besteht aus einer großen, runden Scheibe, in die ein Sternmuster mit umgebenden konzentrischen und punktgesäumten Kreisen eingepunzt ist. Eine Ösenkopfnadel und ein Bronzering mit D-förmigem Querschnitt sind aus Eula (Kreis Leipziger Land) bekannt. Außerdem förderte man Ösenkopfnadeln in Frankfurt/Oder-Güldendorf, Marzahne (Kreis Potsdam-Mittelmark), Stradow (Kreis Oberspreewald-Lausitz), Langewahl-Streitberg (Kreis Oder-Spree) und Wilsickow (Kreis Uckermark) in Brandenburg zutage.

Von den zwei auf dem Fiedlerplatz in Dresden geborgenen Spindelkopfnadeln war eine 40,3 Zentimeter und die andere 33 Zentimeter lang. Bei jeder von ihnen ist der Kopf verziert. Auf weitere Spindelkopfnadeln stieß man in Burg (Kreis Spree-Neiße), Diensdorf (Kreis Oder-Spree), Schöna-Kolpien (Teltow-Fläming), Seelow, Werbig (beide Kreis Märkisch-Oderland) in Brandenburg sowie in Dresden-Tolkewitz und Wessel (Kreis Bautzen) in Sachsen.

Zargenkopfnadeln kamen in Bölkendorf (Kreis Uckermark) und in Werder (Kreis Potsdam-Mittelmark) in Brandenburg zum Vorschein.

Von polnischen Fundorten kennt man auch halbmondförmige bronzene Anhänger. Solche Schmuckstücke werden als Nadelschoner bezeichnet. Zwei Bronzeknöpfe lagen zusammen mit fünf Nadeln, einer Dolchklinge und einem verzierten Tongefäß in einem teilweise zerstörten Grab oder Depot von Trzesów in Polen.

Die Toten wurden in allen Phasen der Vorlausitzer Kultur meistens unverbrannt beigesetzt. Doch gab es daneben gelegentlich schon während der frühen Phase Brandbestattungen in südlichen Teilen Schlesiens und vermutlich in Nordmähren. Erst in der späten Phase setzte sich diese neue Sitte stärker durch.

Für die Körperbestattungen hob man häufig Grabgruben aus und legte die Verstorbenen hinein. Bei der Ausrichtung des Leichnams herrschte keine strenge Regel. Er wurde sowohl gestreckt auf dem Rücken

Foto auf Seite 31:

Zwei rundstabige Hirtenstabnadeln
der Vorlausitzer Kultur (etwa 1500 bis 1200 v. Chr.)
aus Medingen (Kreis Dresden) in Sachsen.
Länge der größeren Nadel 19,3 Zentimeter.
Originale im Landesmuseum für Vorgeschichte,
Dresden

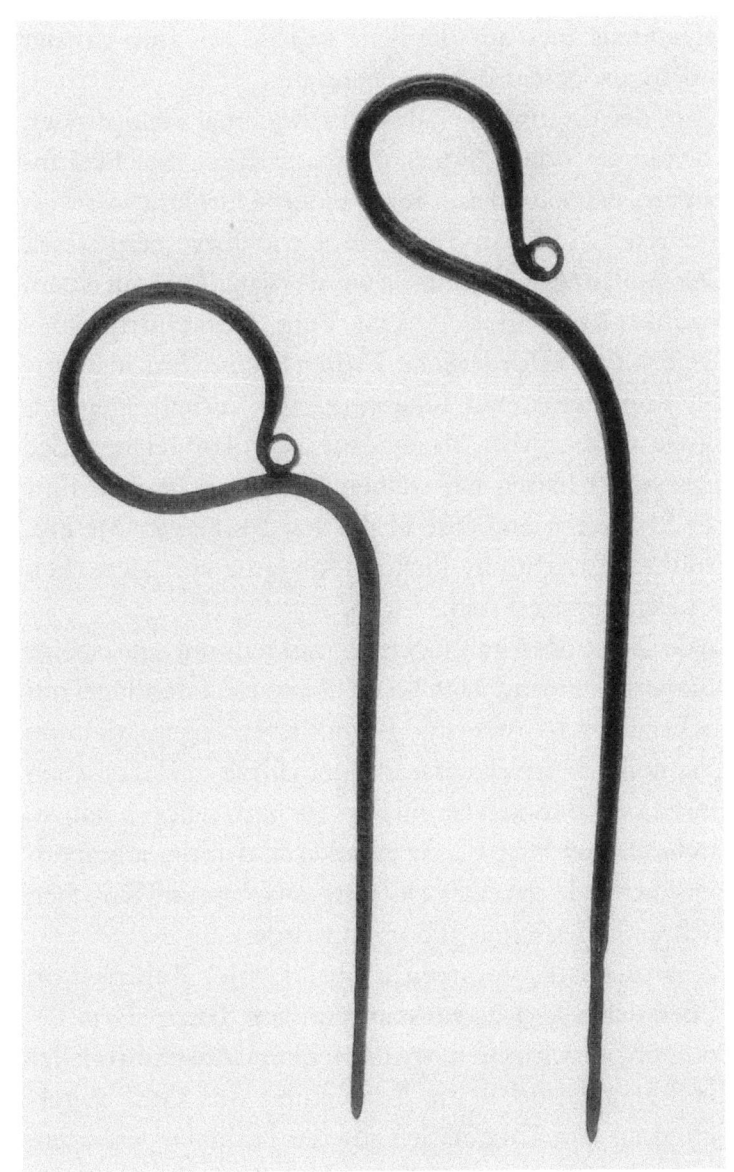

31

liegend als auch auf der Seite ruhend mit zum Körper hin angezogenen Beinen beerdigt.

Über der Grabgrube hat man manchmal Steinpflaster, packungen oder -abdeckungen errichtet. Solche Einbauten erreichten mitunter einen Durchmesser von mehreren Metern und eine Höhe von über einem Meter. Der Außenrand des Hügels wurde manchmal mit einem Steinkranz umgeben. Das zum Aufschütten des Grabhügels erforderliche Erdreich entnahm man aus der unmittelbaren Umgebung, wie Vertiefungen um einige Gräber von Moravicany in Polen zeigten. Die Grabhügel hatten einst einen Durchmesser von fünf bis 20 Metern und eine Höhe von bis zu vier Metern. An ihrer Errichtung dürften Dutzende von Menschen beteiligt gewesen sein.

In der Mitte des Grabhügels lag meistens nur eine einzige Körperbestattung. Man kennt aber auch Grabhügel mit mehrfachen Körper- und Brandbeisetzungen. Mehrere Tote sollen beispielsweise in einem Grab der klassischen Phase von Bautzen-Strehla[8] in Sachsen gelegen haben. Im Gräberfeld von Kietrz in Polen sind in Brandgräbern zwischen Relikten eines Holzsarges verbrannte Knochen mehrerer Menschen geborgen worden.

Keramikreste, verstreute Holzkohle, Relikte von Feuerstellen und Asche stammen von Totenfeiern. Bei solchen Zeremonien wurden beim Zuschütten der Grabgrube und beim Auftürmen des Grabhügels Scherben von Tongefäßen auf das Erdreich geworfen. Außerdem brannte während des Aufschüttens des

Hügels oder auf dem bereits errichteten Hügel ein Feuer. Offenbar fanden des weiteren alljährlich wiederkehrende rituelle Handlungen statt, bei denen mitgebrachte Gefäße, die Speisen enthielten, auf den Gräbern oder um sie herum abgestellt wurden. Auch dabei brannten vielleicht auf oder zwischen den Gräbern entfachte Feuer.

In Grabhügeln von Kietrz, Mikowice und Skoroszów in Polen kamen Spuren von Holzkonstruktionen zum Vorschein. Es handelt sich um regelmäßig angeordnete vier Pfostenlöcher, die von dem polnischen Prähistoriker Marek Gedl aus Krakau als Reste von Totenhäusern gedeutet werden. Solche an den Seiten offenen Bauwerke spielten vielleicht während der Zeremonien und kultischen Handlungen auf der Grabstätte eine Rolle. Gräberfelder der Vorlausitzer Kultur kennt man vor allem aus Polen, aber auch aus Mitteldeutschland. Dazu gehören die Friedhöfe von Schönteichen-Biehla[9] (Kreis Westlausitz-Dresdner Land), Elstertrebnitz-Eulau[10] (Kreis Leipziger Land), Salzenforst[11] (Kreis Bautzen) in Sachsen sowie von Biegen[12] (Kreis Oder-Spree), Frankfurt/Oder[13], Glienicke[14], Wilmersdorf[15] (letztere zwei Kreis Oder-Spree), Wartin[16] (Kreis Uckermark) in Brandenburg. Die Zahl der Grabhügel im zerstörten Gräberfeld von Schönteichen-Biehla wird auf 30 bis 40 geschätzt.

Die Steinkränze inner- und außerhalb der Grabhügel werden von den polnischen Prähistorikern Witold Hensel aus Warschau und Boguslaw Gediga aus Breslau

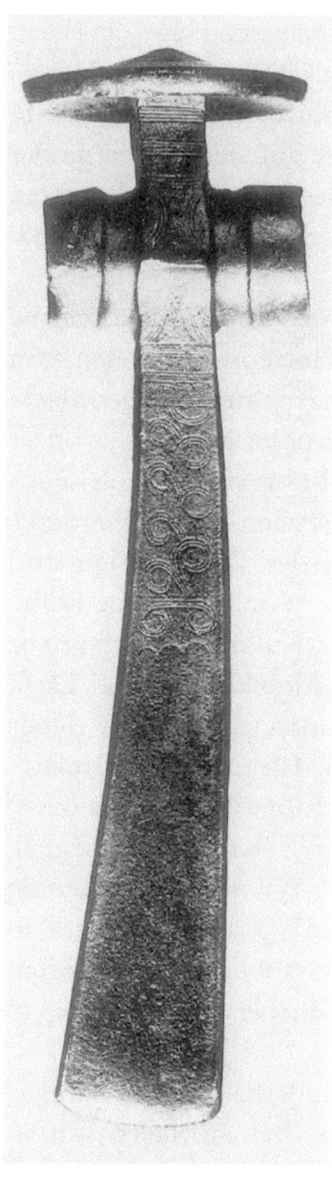

Verzierte bronzene Klinge
einer Nackenscheibenaxt
aus Meißen (Sachsen)
in Seitenansicht.
Länge der
Nackenscheibenaxt
22,5 Zentimeter,
Gewicht 496 Gramm.
Original im
Landesmuseum für
Vorgeschichte, Dresden

als Sonnensymbole interpretiert. Sie betrachten sie als Zeugnisse eines hochentwickelten Sonnenkults. Auch die Ziermotive auf den Köpfen mancher Nadeln – wie langgezogener Stern, Wirbelstern oder konzentrische Kreise – sollen angeblich die Verehrung der Sonne oder anderer Himmelskörper belegen.

Als Zeugnis des Kults wird außerdem der 15 Meter lange und drei Meter breite Pflasterrest im Gräberfeld von Kleszcewo (Polen) diskutiert. Darüber soll eine Schicht schwarzer Erde gelegen haben, die Objekte aus Bronze und Bernstein enthielt.

Die in Sümpfen oder in Flüssen versenkten sowie unter Felsblöcken oder Steinen versteckten Wertgegenstände aus Metall waren möglicherweise als Opfergaben für Gottheiten oder überirdische Mächte gedacht. Damit wollte man Gnade und Gunst erflehen. Zu diesen Opfergaben könnten eine Zargenkopfnadel aus einem Moor bei Niederlandin (Kreis Uckermark) in Brandenburg sowie je eine Nackenscheibenaxt aus dem Flussbett der Elbe von Meißen und von Riesa in Sachsen gehören. Das 22,5 Zentimeter lange Meißener Exemplar ist verziert.

Aus dem Flussbett der Oder in Polen hat man im Wasser versenkte Schwerter, Dolche und Nadeln geborgen. Unter einem großen Stein neben einer Quelle und einer Felswand von Sichów in Polen war sogar ein goldenes »Diadem« versteckt.

Anmerkungen

Die Mittelbronzezeit in Deutschland
1] Die Zusammenstellung dieser Übersicht über die Verbreitung und Zeitdauer von Kulturen der Mittelbronzezeit entstand mit Hilfe der Prähistoriker Friedrich Laux vom Hamburger Museum für Archäologie, Hamburg-Harburg, Rolf Breddin vom Brandenburgischen Landesmuseum für Ur- und Frühgeschichte, Potsdam, und Klaus Simon vom Landesmuseum für Vorgeschichte, Dresden.

Die Vorlausitzer Kultur
1] Der Begriff Vorlausitzer Gruppe wurde 1929 von dem Edinburgher Prähistoriker Vere Gordon Childe (1892–1957) verwendet.
2] Der Name Schlesische Hügelgräber-Kultur wurde 1968 von dem polnischen Prähistoriker Aleksander Gardawski (1917–1974) aus Lódz geprägt.
3] Auch der Ausdruck Großpolnische Kultur mit Textilkeramik stammt von Aleksander Gardawski (s. Anm. 2).
4] Von Podliszki-Kultur hat Aleksander Gardawski (s. Anm. 2) 1970 gesprochen.
5] Der Begriff Schlesisch-großpolnische Hügelgräber-Kultur wurde 1978 von dem Prähistoriker Boguslaw Gediga aus Wroclaw (Breslau) vorgeschlagen.
6] Im Frühsommer 1982 wurden großflächige Tiefbauarbeiten für den Neubau des Hotels »Bellevue« auf

dem rechten Elbufer von Dresden-Neustadt begonnen. Dabei hat man während des Ausbaggerns Schichten mit prähistorischen und mittelalterlichen Siedlungsresten entdeckt.

7] Das Depot bzw. das Grab von Medingen wurde 1931 beim Bau des Hauses Bergtannen Nr. 7 gefunden.

8] Die Mehrfachbestattung von Bautzen-Strehla wurde im Sommer 1919 in einer Sandgrube aufgespürt.

9] Der Friedhof von Biehla wurde in den 1820-er Jahren zerstört.

10] Im Juni 1939 hat in der Ziegelei Wirth in Elstertrebnitz-Eula ein Bagger ein Skelettgrab zutage gefördert.

11] Die früheste Grabung in Salzenforst erfolgte 1903, danach fanden bis nach dem Zweiten Weltkrieg Grabungen statt.

12] Die Gräber aus dem zerstörten Friedhof von Biegen wurden 1920 von dem Berliner Prähistoriker Alfred Götze (1865–1948) in der Publikation »Die vor- und frühgeschichtlichen Denkmäler des Kreises Lebus« erwähnt.

13] Die zu verschiedenen Zeiten auf dem Grundstück des Gursch-Stiftes entdeckten Gräber des Friedhofes von Frankfurt/Oder wurden 1920 von Alfred Götze (s. Anm. 12) in der Publikation »Die vor- und frühgeschichtlichen Denkmäler des Kreises Lebus« erwähnt.

14] Je eine bronzene Ösennadel und Zargenkopfnadel aus dem Brandgräberfeld von Glienicke wurden 1935 in dem Buch »Die ältere Bronzezeit in der Mark Brandenburg« der Prähistorikerin Waldtraud Bohm (1890–1969) aus Berlin erwähnt.

15] Im Friedhof von Wilmersdorf wurden vor 1907 in einer Steinanhäufung Funde geborgen.

16] Der Friedhof von Wartin wurde 1940 bis 1943 ausgegraben.

Literatur

Die Mittelbronzezeit in Deutschland

GOLDMANN, Klaus: Die mittlere Bronzezeit als Problem der Begriffs- und Zeitbestimmung. Aus: Beiträge zur Geschichte und Kultur der mitteleuropäischen Bronzezeit, Teil I, S. 165–168, Berlin/Nitra 1990

LAUX, Friedrich: Zur älteren und mittleren Bronzezeit in Niedersachsen. Aus: Beiträge zur Geschichte und Kultur der mitteleuropäischen Bronzezeit, Teil II, S. 275– 294, Berlin/Nitra 1990

RIECKHOFF, Sabine: Im Zeichen des Schwertes. Mittlere und Späte Bronzezeit (1600–750 v. Chr.). Aus: Faszination Archäologie, S. 63–80, Regensburg 1990

RÖSLER, Horst: Mittlere Bronzezeit im Süden. Aus: HERRMANN (Herausgeber): Archäologie in der Deutschen Demokratischen Republik. Denkmale und Funde 1, S. 95–97, Leipzig 1989

SCHINDLER, Reinhard: Ältere und mittlere Bronzezeit (1800–1200 v. Chr.). Aus: Führer durch das Landesmuseum Trier, S. 12, Trier 1986

STEIN, Frauke: Steinzeit und Bronzezeit im Saarland. Führer zu vor- und frühgeschichtlichen Denkmälern. Band 5. Saarland, S. 12–17, Mainz 1966

STRUVE, Karl W.: Die ältere und mittlere Bronzezeit (Periode II-III). Aus: STRUVE, Karl W. / HINGST, Hans / JANKUHN, Herbert: Von der Bronzezeit zur Völkerwanderungszeit, S. 27–96, Neumünster 1979

TORBRÜGGE, Walter: Die mittlere Bronzezeit in Bayern. Aus: Beiträge zur Geschichte und Kultur der mitteleuropäischen Bronzezeit, S. 495–514, Berlin/Nitra 1990

WEBER, Gesine: Die Hügelgräberbronzezeit. Aus: Händler, Krieger, Bronzegießer. Bronzezeit in Nordhessen. Vor- und Frühgeschichte im Hessischen Landesmuseum in Kassel, Heft 3, S. 70–101, Kassel 1992

Vorlausitzer Kultur

BIERBAUM, Georg: Der Bronzefund von Medingen, Amtshauptmannschaft Großenhain. Sitzungsberichte und Abhandlungen der Naturwissenschaftlichen Gesellschaft Isis in Dresden, S. 183–194, Dresden 1934

BIERBAUM, Georg: Die Prunkaxt von Meißen. Sachsens Vorzeit, 1. Jahrgang, 2. Teil, S. 81–87, Leipzig 1937

BILLIG, Gerhard: Medingen – Hort oder Grab? Zur Situation um die Anfänge der Lausitzer Kultur in Mittelsachsen. Aus: Beiträge zur Geschichte und Kultur der mitteleuropäischen Bronzezeit, Teil I, S. 45–53, Berlin/ Nitra 1990

BOHM, Waldtraud: Die ältere Bronzezeit in der Mark Brandenburg. Vorgeschichtliche Forschungen, Heft 9, Berlin 1935

COBLENZ, Werner: Grabfunde der Mittelbronzezeit Sachsen. Veröffentlichungen des Landesmuseums für Vorgeschichte Dresden, Dresden 1952

COBLENZ, Werner: Bemerkungen zum Forschungsstand über die Vorlausitzer Kultur nördlich vom Erzgebirge und Lausitzer Bergland. Kommission für das Äneolithikum und die ältere Bronzezeit, S. 185–196, Nitra 1958

COBLENZ, Werner: Vorläufer und Anfänge der Lausitzer Kultur im Süden der DDR. Aus: Beiträge zur Geschichte und Kultur der mitteleuropäischen Bronzezeit, Teil I, S. 101–117, Berlin/Nitra 1990

EGGERS, Hans Jürgen: Das Gräberfeld von Wartin-Grünz, Kreis Randow. Aus: 11. Beiheft zum Atlas der Urgeschichte, Pommersche Funde und Ausgrabungen aus den 30er und 40er Jahren, S. 39–60, Hamburg 1969

GEDL, Marek: Die klassische Phase der Vorlausitzer Kultur. Aus: Beiträge zur Geschichte und Kultur der mitteleuropäischen Bronzezeit, Teil I, S. 153–164, Berlin/Nitra 1990

GEDL, Marek: Die Vorlausitzer Kultur. Prähistorische Bronzefunde XXI, Band 2, Stuttgart 1992

GÖTZE, Alfred: Die vor- und frühgeschichtlichen Denkmäler des Kreises Lebus. Beihefte zu Die Kunstdenkmäler der Provinz Brandenburg, Band 4, Teil 1, Berlin 1920

GÖTZE, Alfred: Die vor- und frühgeschichtlichen Denkmäler der Stadt Frankfurt a. O. Beihefte zu Die Kunstdenkmäler der Provinz Brandenburg, Band 4, Teil 2, Berlin 1920

GÜHNE, Arndt / SIMON, Klaus: Frühe Siedlungen am Elbübergang in Dresden-Neustadt. Arbeits- und Forschungsberichte zur sächsischen Bodendenkmalpflege, Band 30, S. 187–343, Berlin 1986

GRÜNBERG, Walter: Rasiermesser mit Pferdekopf in lausitzischen Gräbern. Marburger Studien zur Vor-

und Frühgeschichte, Festschrift für Gero von Merhart, S. 70– 76, Darmstadt 1938

JACOB, Karl Hermann: Zur Prähistorie Nordwest-Sachsens. Nova Acta, Abh. der Kaiserl. Leop. Carol. Deutschen Akdemie der Naturforscher, Band XCN, Nr. 2, Halle/Saale 1911

KOSTRZEWSKI, Jósef: Z badan nad osadnictwem wczesnej i srodkowej epoki bronzowej na ziemiach polskich. Przeglad Archaeologizczny, Band 2, S. 161–218, Poznan 1924

PETSCH, Hermann: Die Ältere Bronzezeit in Mittel-deutschland, Borna 1940

Bildquellen

Klaus Benz, Fotograf, Mainz-Laubenheim: 47
Reproduktion einer Karte aus dem Buch „Deutschland in der Bronzezeit" (1996) von Ernst Probst: 12 (Rainer Veit, Mainz)
Reproduktionen von Fotos aus dem Buch „Deutschland in der Bronzezeit" (1996) von Ernst Probst: 22 (Rosemarie Coblenz, Dresden), 18 (Professor Dr. Jerzy Fogel, Adam Mickiewiecz Universität zu Poznán, Prähistorisches Institut), 31, 34 (Landesamt für Archäologie mit Landesmuseum für Vorgeschichte, Dresden), 10 (Römisch-Germanisches Zentralmuseum Mainz)
Reproduktionen von Zeichnungen aus dem Buch „Deutschland in der Bronzezeit« (1996) von Ernst Probst: 27 (Reproduktion aus Karl Schumacher: Handbücher des römisch-germanischen Central-Museums Mainz, Nr. 1. Siedelungs und Kulturgeschichte der Rheinlande von der Urzeit bis in das Mittelalter, I. Band: Die Vorrömische Zeit, Tafel, 20, Mainz 1921), 1 (Reproduktion aus Jorn Street-Jensen: Christian Jürgensen Thomsen und Ludwig Lindenschmit: Eine Gelehrtenkorrespondenz aus der Frühzeit der Altertumskunde (1853–1964), Mainz 1985), 15, 21 (Reproduktionen historischer Trachtenrekonstruktionen des Münchner Historienmalers und Altertumsforschers Julius Naue, Foto: Prähistorische Staatssammlung, München)

Der Autor Ernst Probst

Ernst Probst, geboren am 20. Januar 1946 in Neunburg vorm Wald im bayerischen Regierungsbezirk Oberpfalz, ist Journalist und Wissenschaftsautor. Er arbeitete von 1968 bis 1971 als Redakteur bei den »Nürnberger Nachrichten«, von 1971 bis 1973 in der Zentralredaktion des »Ring Nordbayerischer Tageszeitungen« in Bayreuth und von 1973 bis 2001 bei der »Allgemeinen Zeitung«, Mainz. In seiner Freizeit schrieb er Artikel für die »Frankfurter Allgemeine Zeitung«, »Süddeutsche Zeitung«, »Die Welt«, »Frankfurter Rundschau«, »Neue Zürcher Zeitung«, »Tages-Anzeiger«, Zürich, »Salzburger Nachrichten«, »Die Zeit'', »Rheinischer Merkur«, »Deutsches Allgemeines Sonntagsblatt«, »bild der wissenschaft«, »kosmos«, »Deutsche Presse-Agentur« (dpa), »Associated Press« (AP) und den

»Deutschen Forschungsdienst« (df). Aus seiner Feder stammen die Bücher »Deutschland in der Urzeit« (1986), »Deutschland in der Steinzeit« (1991), »Rekorde der Urzeit« (1992), »Dinosaurier in Deutschland« (1993 zusammen mit Raymund Windolf) und »Deutschland in der Bronzezeit« (1996). Von 2001 bis 2006 betätigte sich Ernst Probst als Buchverleger sowie zeitweise als internationaler Fossilienhändler und Antiquitätenhändler. Insgesamt veröffentlichte er mehr als 100 Bücher, Taschenbücher, Broschüren und E-Books.

Bücher von Ernst Probst

Affenmenschen
Von Bigfoot bis zum Yeti

Annie Oakley
Die Meisterschützin des Wilden Westens

Archaeopteryx. Der Urvogel aus Bayern

Christl-Marie Schultes. Die erste Fliegerin in Bayern
(zusammen mit Theo Lederer)

Cortés und Malinche. Der spanische Eroberer
und seine indianische Geliebte

Das Dinotherium-Museum Eppelsheim
Führer durch die Ausstellung
(zusammen mit Dr. Jens Lorenz Franzen
und Heiner Roos)

Der Europäische Jaguar

Der Mosbacher Löwe
Die riesige Raubkatze aus Wiesbaden

Der Rhein-Elefant
Das Schreckenstier von Eppelsheim

Der Schwarze Peter
Ein Räuber im Hunsrück und Odenwald

Der Ur-Rhein
Rheinhessen vor zehn Millionen Jahren

Deutschland in der Frühbronzezeit

Deutschland in der Mittelbronzezeit

Deutschland in der Spätbronzezeit

Die Bronzezeit

Die Aunjetitzer Kultur in Deutschland

Die Straubinger Kultur in Deutschland

Die Singener Gruppe

Die Arbon-Kultur in Deutschland

Die Ries-Gruppe und die Neckar-Gruppe

Die Adlerberg-Kultur

Der Sögel-Wohlde-Kreis

Die nordische Bronzezeit in Deutschland

Die Hügelgräber-Kultur in Deutschland

Die Bronzezeit in dr Lüneburger Heide

Die Stader Gruppe in der Bronzezeit

Die Urnenfelder-Kultur in Deutschland

Die Lausitzer Kultur in Deutschland

Die Dolchzahnkatze *Megantereon*

Die Dolchzahnkatze *Smilodon*

Die Säbelzahnkatze *Machairodus*

Die Säbelzahnkatze *Homotherium*

Die Schweiz in der Frühbronzezeit

Die Schweiz in der Mittelbronzezeit

Die Schweiz in der Spätbronzezeit

Dinosaurier in Deutschland. Vom *Efraasia*
bis zu *Sellosaurus*

Dinosaurier von A bis K. Von *Abelisaurus*
bis zu *Kritosaurus*

Dinosaurier von L bis Z. Von *Labocania*
bis zu *Zupaysaurus*

Eiszeitliche Geparde in Deutschland

Eiszeitliche Leoparden in Deutschland

Frauen im Weltall

Höhlenlöwen. Raubkatzen im Eiszeitalter

Johann Jakob Kaup
Der große Naturforscher aus Darmstadt

Julchen Blasius
Die Räuberbraut des Schinderhannes

Königinnen der Lüfte in Deutschland

Königinnen der Lüfte in England, Australien
und Neuseeland

Königinnen der Lüfte in Frankreich

Königinnen der Lüfte in Europa

Königinnen der Lüfte in Amerika

Königinnen der Lüfte von A bis Z

Königinnen des Tanzes

Malende Superfrauen

Meine Worte sind wie die Sterne
Die Entstehung der Rede des Häuptlings Seattle
(zusammen mit Sonja Probst)

Monstern auf der Spur
Wie die Sagen über Drachen, Riesen
und Einhörner entstanden

Österreich in der Frühbronzezeit

Österreich in der Mittelbronzezeit

Österreich in der Spätbronzezeit

Die Aunjetitzer Kultur in Österreich

Die Straubinger Kultur in Österreich

Pompadour und Dubarry. Die Mätressen
von Louis XV.

Raub-Dinosaurier von A bis Z.
Mit Zeichnungen von Dmitry Bogdanav
und Nobu Tamura

Rekorde der Urmenschen
Erfindungen, Kunst und Religion

Rekorde der Urzeit
Landschaften, Pflanzen und Tiere

Superfrauen 11 – Feminismus und Familie

Superfrauen 12 – Sport

Superfrauen 13 – Mode und Kosmetik

Superfrauen 14 – Medien und Astrologie

Tony und Bruno Werntgen. Zwei Leben
für die Luftfahrt (zusammen mit Paul Wirtz)

Zenobia von Palmyra. Eine Frau kämpft
gegen die Römer

Bestellungen bei: http://www.grin.com